LE PROJET DE LOI
d'ASSURANCES SOCIALES

et son application dans les Départements
du HAUT-RHIN, du BAS-RHIN et de la MOSELLE

OPINION

des Chambres de Commerce,
Associations Industrielles, Métallurgiques et Minières,
Corporations d'Assurances contre les Accidents,
Groupements de Caisses d'Entreprises
du HAUT-RHIN, du BAS-RHIN et de la MOSELLE

1927
IMPRIMERIE J. BRINKMANN
—— MULHOUSE. ——

TABLE DES MATIÈRES

I

Le projet de loi d'Assurances Sociales actuellement en instance devant le Sénat est de ceux qui préoccupent au premier chef les départements recouvrés, parce que pour eux la question de la création d'un régime général d'assurances sociales se double du problème de la transformation et de l'adaptation ultérieure du régime local. Dans ces conditions, il n'est que naturel que les groupements économiques et industriels, ainsi que des institutions d'assurances sociales du Haut-Rhin, du Bas-Rhin et de la Moselle se soient émus de ce que le projet actuel ne tient aucunement compte des objections et propositions qu'ils ont formulées précédemment, et qu'il ne donne qu'une garantie insuffisante pour le bon fonctionnement des assurances locales pendant la période d'expérimentation qui fera nécessairement suite à l'introduction de la loi.

Par des délibérations séparées, ces groupements (Chambres de Commerce, Chambres Syndicales industrielles, Corporations d'Assurances contre les Accidents et Syndicats de Caisses d'Entreprises) sont arrivés à des **conclusions identiques,** qui leur ont permis de s'entendre sur un **VŒU COLLECTIF.**

Ce vœu et un Rapport détaillé qui en justifie la teneur ont été communiqués à MM. les Sénateurs des départements recouvrés, en présence des délégués de tous ces groupements, dans une réunion qui a eu lieu le **23 avril 1927** à la Chambre de Commerce de Strasbourg, et sur laquelle la présente brochure est appelée à donner tous renseignements nécessaires, pour permettre aux intéressés de se rendre compte des raisons qui font agir ces groupements et qui militent en faveur du projet d'amendement reproduit à la page 24.

II

SEANCE DU 23 AVRIL 1927

A.

Liste des groupements
représentés à la réunion du 23 avril 1927

a) Chambres de Commerce

1° Chambre de Commerce de Metz,
2° Chambre de Commerce de Strasbourg,
3° Chambre de Commerce de Colmar,
4° Chambre de Commerce de Mulhouse.

b) Corporations d'Assurances contre les Accidents
d'Alsace et de Lorraine

5° Corporation des Mines et Usines Métallurgiques, Metz,
6° Corporation des Métaux et Transports d'Alsace et de Lorraine, Mulhouse,
7° Corporation Textile et des Industries Chimiques d'Alsace et de Lorraine, Mulhouse,
8° Corporation des Industries Alimentaires d'Alsace et de Lorraine, Strasbourg,
9° Corporation des Industries du Bâtiment d'Alsace et de Lorraine, Strasbourg,
10° Corporation Agricole Lorraine, Metz,
11° Corporation Agricole du Bas-Rhin, Strasbourg,
12° Corporation Agricole du Haut-Rhin, Mulhouse.

c) Groupements de Caisses d'Entreprises

13° Association Lorraine des Caisses de Maladies des Entreprises Minières et Industrielles, Metz,
14° Syndicat des Caisses de Maladies d'Entreprises et de Corporations du Bas- et du Haut-Rhin et des régions limitrophes, Strasbourg,
15° Syndicat des Caisses de Malades d'Entreprises et de Corporations de Mulhouse et environs, Mulhouse.

d) Associations professionnelles

Moselle :

16° Association Minière d'Alsace et de Lorraine,
17° Association des Maîtres de Forges,
18° Groupement Industriel de l'Est Lorrain,

Bas-Rhin :

19° Chambre Syndicale de l'Industrie du Bas-Rhin,
20° Syndicat Patronal des Constructeurs-Mécaniciens du Bas-Rhin,
21° Union des Industries Textiles du Bas-Rhin,
22° Association des Employeurs de Main-d'œuvre dans les Ports de Strasbourg,
23° Syndicat des Tanneurs des Départements du Rhin et de la Moselle,
24° Union Meunière d'Alsace et de Lorraine,
25° Syndicat des Brasseurs,
26° Confédération Patronale d'Alsace et de Lorraine,

Haut-Rhin :

27° Chambre Syndicale des Entrepreneurs du Bâtiment et des Travaux Publics du Haut-Rhin,
28° Association Patronale de l'Industrie Textile du Haut-Rhin,
29° Syndicat Industriel Alsacien,
80° Chambre Syndicale de la Mécanique du Haut-Rhin.

B.

Allocution de M. F. LAMEY,
Président de la Chambre Syndicale de la Mécanique du Haut-Rhin

Messieurs les Sénateurs,

Il m'est échu l'honneur de présider cette séance et l'agréable mission de vous souhaiter la bienvenue au nom des 4 Chambres de Commerce de Metz, de Strasbourg, de Colmar et de Mulhouse, des 5 Corporations industrielles et des 3 Corporations agricoles d'assurances contre les accidents, des 3 Syndicats de Caisses d'Entreprises de la Moselle, du Bas-Rhin et du Haut-Rhin, ainsi que des 15 Chambres Syndicales industrielles les plus importantes des départements recouvrés, et dont les ressortissants occupent en tout plus de 350 000 ouvriers et ouvrières.

Je suis heureux de pouvoir constater ici l'accord unanime qui s'est établi entre ces 30 groupements et institutions en présence du projet de loi d'assurances sociales, accord qui leur permet de se présenter devant vous, Messieurs les Sénateurs, avec un vœu unique, appuyé sur des arguments auxquels votre compétence des questions d'assurances sociales ne se refusera pas.

Le projet de loi, après avoir franchi la Chambre et les différentes Commissions sénatoriales, semble devoir être soumis dans un avenir rapproché à la discussion publique devant la Haute-Assemblée. C'est pourquoi les groupements ici représentés, que des délibérations séparées ont conduits à des conclusions identiques, se félicitent de pouvoir exposer leur point de vue aux Parlementaires auxquels il appartiendra de défendre à la Tribune du Sénat les intérêts des départements recouvrés.

Ces groupements regrettent que les Commissions parlementaires et les Pouvoirs Publics aient si peu tenu compte des propositions successives et des démarches qu'ils ont faites et que, devant les différences de fond et de forme, qui subsistent entre le projet actuel et les assurances locales, ils soient poussés vers une position d'attente, pour ne pas compromettre le bon fonctionnement du régime en vigueur dans les départements du Haut-Rhin, du Bas-Rhin et de la Moselle.

Le projet de loi comporte des dispositions qui risquent de bouleverser nos institutions locales au détriment des assurés sans aucun profit pour la généralité.

Il s'agit d'un problème complexe, pour la solution duquel notre longue expérience peut être précieuse. Nous désirons le bien commun et serions heureux que ce bien, dont nos populations d'Alsace et de Lorraine bénéficient depuis de longues années, puisse s'étendre uniformément à tout le territoire, pour le bien-être et l'assurance des vieux jours de la classe ouvrière.

Cependant, et en raison de notre propre expérience et des périodes d'adaptation que nous avons nous-même traversées, nous prétendons que la création et le bon fonctionnement des assurances sociales ne résulteront pas de la loi seule, mais surtout de l'expérience pratique qui fera suite à son introduction et grâce à laquelle, sans aucun doute, le régime devra subir ultérieurement des modifications successives. Le Sénateur C h a u v e a u lui-même fait du reste entrevoir dans son 2ᵐᵉ Rapport supplémentaire une « période initiale d'organisation de l'assurance jusqu'à ce que l'on puisse juger le système adopté d'après les résultats. »

Pour être bien assise, la loi aura besoin d'être expérimentée, et cette expérience ne pourra s'acquérir qu'avec le temps, dont la durée — permettez-moi d'insister en passant sur ce fait, sans pensée désobligeante, du reste — dépendra aussi un peu de l'esprit de discipline qui se manifestera dans les diverses régions.

Dans ces conditions, il nous paraît justifié et indispensable de revendiquer avec insistance, entre autres, **que notre régime local** qui fonctionne actuellement à la satisfaction de tous les intéressés, mais dont la fusion ultérieure avec le régime général ne fait de notre part l'objet d'aucune contestation, **reste intact pendant la période de tâtonnement** qui fera nécessairement suite à l'introduction de la loi.

Pour nous adapter, il nous faut la stabilité et la preuve — qu'il reste à faire — de la vitalité du régime actuellement en discussion. L'on a bien voulu reconnaître à maintes reprises que par nos lois sociales et depuis quarante ans — depuis plus longtemps si l'on tient compte que sur certains points elles n'ont fait que codifier des usages locaux — nous avons pris une certaine avance sur les autres départements. Ce n'est donc pas exagéré de demander qu'on renonce à greffer notre branche locale sur un corps encore en état de gestation, et qu'on permette d'abord aux autres régions, dont le manque d'institutions d'assurances a provoqué la loi, d'en faire l'expérience définitive !

Au lendemain d'un procès retentissant qui a été suivi par l'ensemble du pays avec un intérêt passionné, nous vous prions instamment de ne pas vous méprendre sur le caractère de nos désidérata. Nous nous faisons un devoir d'insister avec force sur le fait

que les conclusions qui vont être exposées par notre Rapporteur ne s'inspirent d'aucun esprit particulariste,

que nous sommes des partisans convaincus des assurances sociales et

que notre initiative n'a pas pour but de retarder la généralisation des assurances sociales dans le pays.

Convaincus que leurs propositions répondent le mieux, et aux intérêts créés dans les trois départements par la préexistence du régime local d'assurances sociales, et à l'intérêt général de tout le pays, les groupements ici représentés vous prient, Messieurs les Sénateurs, de bien vouloir être leurs interprètes et vous remercient des efforts que vous voudrez bien faire pour obtenir qu'il soit tenu compte des propositions que, par un accord dont l'**unanimité** mérite de retenir votre attention, ils se permettent de vous suggérer.

Si je rappelle que, pour la circonstance, les Chambres de Commerce, les Chambres Syndicales industrielles, les Corporations d'Assurances contre les Accidents et les Syndicats de Caisses d'Entreprises, en tout 30 groupements, se sont associés pour vous soumettre les conclusions unanimes de leurs délibérations, de sorte que vous vous trouvez en présence d'une **fraction imposante** des forces économiques et sociales de la région, je pense avoir démontré que nous ne vous avons pas dérangés inutilement, et j'ose espérer que vous nous excuserez de vous avoir demandé d'interrompre les vacances parlementaires par une séance de travail.

Ceci dit, et pour ne pas retarder davantage nos délibérations, je donne la parole à notre Rapporteur, après vous avoir remerciés, Messieurs les Sénateurs, de l'intérêt que vous témoignez à cette question et dont votre présence ici me paraît être la meilleure preuve.

C.

RAPPORT
de M. BERGERAT
présenté au nom de 30 organisations économiques, industrielles
et d'assurances sociales des départements recouvrés sur les
Projets de Loi d'Assurances Sociales

HISTORIQUE

On compte actuellement :

1°) le projet de loi primitif déposé par le Gouvernement (dit projet DANIEL-VINCENT).

(Annexe au Procès-verbal de la 2ᵐᵉ séance de la Chambre du 22 Mars 1921).

2°) le projet de la Commission de Prévoyance Sociale de la Chambre (dit projet GRINDA) qui modifie légèrement le projet précédent dans un sens favorable, sans toutefois donner les satisfactions essentielles réclamées:

(Annexe au Procès-verbal de la séance de la Chambre du 31 janvier 1923).

3°) un avant-projet établi par la Commission de Prévoyance Sociale du Sénat sur lequel des observations ont été présentées au cours d'audiences accordées par cette Commission aux Industriels et aux Chambres de Commerce d'Alsace et de Lorraine. Cet avant-projet n'a pas été publié, mais communiqué officieusement par des Sénateurs membres de la Commission.

4°) le projet de la Commission de Prévoyance Sociale du Sénat (dit projet CHAUVEAU) qui apporte au projet GRINDA des modifications très importantes, introduit l'assurance-chômage et constitue une aggravation très sensible du projet primitif du Gouvernement et du projet GRINDA.

(Annexe au Procès-verbal de la séance du Sénat du 8 juillet 1925).

5°) le projet définitif de la Commission de Prévoyance Sociale du Sénat (dit projet CHAUVEAU définitif) qui n'est autre que le précédent avec des retouches de détail donnant satisfaction à certains vœux, notamment des mutualistes et des syndicats médicaux.

(Annexe au Procès-verbal de la séance du Sénat du 8 juin 1926).

EXPOSÉ SUCCINT DES DIFFÉRENTS PROJETS DE LOI
1° Projet DANIEL-VINCENT

Ce projet prévoyait :

A) une assurance unique couvrant les risques maladie, invalidité, vieillesse, décès, en tenant compte des charges de famille. Assurance obligatoire pour tout salarié de moins de 10 000 frs. Cotisation unique de 10% (5% à la charge du patron, 5% à la charge de l'ouvrier), ventilée par une caisse régionale pour couvrir les différents risques. Ces cotisations étaient fixées par classes de salaires, comme dans le régime local,

B) **fonctionnement de l'assurance par région.** Chaque **caisse régionale** absorbait en fait les caisses existantes en réduisant ces dernières au rôle de guichets de distribution. Le nombre de caisses régionales était limité à 25. Une **caisse de garantie** permettait une compensation entre les diverses caisses régionales,

C) **intervention obligatoire des syndicats médicaux,** paiement des médecins par forfait (par tête d'assuré), institution d'un ticket modérateur,

D) **administration de l'assurance par des offices d'assurances** suivant un système comparable à celui du régime local,

E) **une juridiction spéciale** pour les assurances sociales, suivant un système comparable à celui du régime local,

F) **application immédiate à nos trois départements.**

Intervention des industriels d'Alsace et de Lorraine.

Ce projet a fait l'objet d'un rapport détaillé adressé en décembre 1921 à M. le Président de la Commission d'Hygiène, d'Assistance et de Prévoyance Sociale de la Chambre. Copie de ce rapport a été envoyée à tous les membres de la Commission et à quelques autres parlementaires.

Après avoir proclamé leur attachement aux Assurances Sociales, les industriels d'Alsace et de Lorraine émettaient un certain nombre de critiques et concluaient en demandant la refonte complète du projet de loi sur la base du système alsacien et lorrain, facile à étendre à l'ancienne France, et en réclamant le maintien des Corporations d'Accidents dans nos 3 départements.

Ils indiquaient, en outre, qu'ils restaient à la disposition de la Commission de la Chambre pour lui fournir des explications complémentaires, et désignaient d'ailleurs les membres de leur délégation constituée à cet effet.

Le rapport resta sans réponse.

Intervention des Caisses de Maladie d'Entreprises d'Alsace et de Lorraine.

Les Comités-Directeurs des Caisses de Maladie d'Entreprises, sur l'initiative de « l'Association lorraine des caisses de maladie des entreprises minières et industrielles » et du « Syndicat des caisses d'entreprises du Bas-Rhin », ont protesté contre les dispositions du projet de loi, en réclamant par des vœux fortement motivés le maintien de leurs prérogatives.

Si l'on tient compte de ce que, dans chaque comité-directeur de ces caisses, les ouvriers possèdent les 2/3 des voix, on peut conclure qu'il s'agissait bien là d'une volonté nettement manifestée par les assurés intéressés. Notons en passant que, sur l'ensemble de nos 3 départements, les caisses d'entreprises comptent 175 000 adhérents sur 440 000 assurés, soit 40% du total.

2° Projet GRINDA

Ce projet, tout à fait comparable au projet DANIEL-VINCENT, prévoyait :

A) **une assurance unique** couvrant les mêmes risques que le projet DANIEL-VINCENT dans des conditions analogues. Toutefois, les allocations de naissance étaient supprimées, la limite d'obligation à l'assurance, si elle restait fixée à 10 000 frs. de salaire ou de revenu, était majorée de 2 000 frs. par enfant de moins de 16 ans à la charge de l'assuré, et enfin une assurance facultative continuée, analogue à celle qui existe chez nous, était prévue pour la maladie. Comme dans le projet primitif, l'assurance invalidité-vieillesse pouvait être continuée à titre facultatif dans tous les cas.

Maintien des classes de salaires, mais cotisations fixées à 10% du salaire réel, et non plus par classes comme dans le projet primitif,

B) **fonctionnement de l'assurance par région**, mais la caisse régionale perdait son privilège et elle était remplacée par une Union des Caisses de la région. Une place plus grande était laissée au libre suffrage des intéressés, sans que toutefois l'indépendance des caisses de maladie d'entreprises ait été sauvegardée,

C) **intervention facultative des syndicats médicaux** et libre choix restreint du médecin, maintien du ticket modérateur,

D) **administration de l'assurance par des Offices d'assurance** suivant un système comparable à celui du régime local,

E) **juridiction spéciale pour les assurances sociales** suivant un système comparable à celui du régime local,

F) **application immédiate à l'Alsace et à la Lorraine.**

Ce projet GRINDA donnait une satisfaction partielle aux observations des industriels en améliorant dans une certaine mesure le sort des caisses de maladie d'entreprises, en faisant une place plus grande à la représentation patronale dans l'administration des différents organes d'assurance, en évitant l'intervention obligatoire des syndicats médicaux et en supprimant quelques-unes des sanctions vexatoires envers les employeurs récalcitrants.

Mais il laissait subsister le principal motif de critique en maintenant l'assurance unique contre tous les risques.

Le projet GRINDA ne fit l'objet d'aucune démarche spéciale, la Commission sénatoriale ayant laissé entendre son intention de remanier complètement le texte voté par la Chambre.

3° Avant-Projet de la Commission de Prévoyance Sociale du Sénat

Cet avant-projet, communiqué officieusement par certains sénateurs, comportait une nouveauté : l'assurance-chômage. Il a provoqué une démarche collective des industriels d'Alsace et de Lorraine auprès de la Commission sénatoriale.

Ceux-ci déposèrent un rapport dans lequel, après avoir rappelé leurs critiques du projet primitif, ils soulignaient les quelques améliorations apportées par le projet GRINDA, et demandaient une fois de plus la séparation de l'assurance-maladie des assurances-invalidité-vieillesse, principe en dehors duquel la réalisation d'un régime d'assurances sociales véritablement pratique leur paraît impossible.

Toutes ces observations, reprises par les Chambres de Commerce, entendues par la Commission de Prévoyance Sociale du Sénat, n'eurent aucune suite.

4° Projet CHAUVEAU définitif

Ce projet, en tous points comparable à l'avant-projet, comporte :

A) **une assurance unique couvrant tous les risques** prévus par les autres projets et en plus, le risque chômage,

la limite d'assurance de 10.000 frs. prévue par les projets antérieurs est portée à 12 000 frs., augmentée de 2 000 frs. par enfant,

cotisation unique de 10% du salaire réel, perçue suivant les modalités à définir par un Règlement d'Administration Publique,

les classes de salaires ont disparu,

B) **fonctionnement de l'assurance par département**, une caisse départementale remplace la caisse régionale du projet primitif, ou l'Union des caisses du projet GRINDA,

les caisses de maladie d'entreprises restent sous la tutelle de la caisse départementale,

il existe un fonds de majoration et un fonds de garantie pour toute la France,

C) **intervention obligatoire des syndicats médicaux et libre choix du médecin**, suppression du ticket modérateur, remplacé par une participation directe de l'intéressé aux dépenses médicales et pharmaceutiques (10 à 15%),

D) **administration de l'assurance par des Offices d'assurance** (un Office national et des Offices départementaux), suivant un système mal défini mais qui semble se rapprocher du système alsacien et lorrain,

E) **pas de juridiction spéciale** pour les assurances sociales qui relèvent des
tribunaux ordinaires,

F) **application à l'Alsace et à la Lorraine dans un délai MAXIMUM de 5 ans.**

CRITIQUE DU PROJET DU DOCTEUR CHAUVEAU

On peut reprendre à l'égard de ce projet toutes les critiques qui ont été faites
à propos des projets antérieurs.

Sans entrer dans le détail, on peut attirer l'attention sur les points suivants :

1° L'Assurance unique pour couvrir des risques divers entraîne une complexité de fonctionnement susceptible de provoquer l'échec complet de la réforme

Alors qu'en Alsace et en Lorraine on distingue :

a) **une assurance-maladie absolument autonome,** réalisée par des caisses locales
ou des caisses d'entreprises indépendantes les unes des autres, et libres de
fixer leurs cotisations et leurs prestations comme elles l'entendent, sous réserve de l'observation de certaines règles générales,

b) **une assurance invalidité-vieillesse,** également autonome, réalisée pour l'ensemble des 3 départements par une organisation unique à la gestion de laquelle participent les intéressés sous le contrôle de l'Etat,

le projet CHAUVEAU prévoit :

la confusion de toutes les assurances, maladie, invalidité-vieillesse, chômage,
etc....., en une seule.

Cette assurance unique est réalisée par :

a) **une caisse départementale, compétente pour tous les risques,** et à laquelle peuvent être adjointes des caisses primaires pour couvrir le risque maladie, mais
qui restent placées sous la tutelle de cettte caisse départementale, notamment
au point de vue des cotisations,

b) **une caisse de garantie** comportant un fonds de garantie et un fonds de majoration qui permettront de venir en aide aux caisses déficitaires et d'assurer,
le cas échéant, le minimum légal de prestations.

Alors que dans le système alsacien et lorrain, chaque caisse de maladie
fixe ses cotisations comme elle l'entend, et, par conséquent, **donne à ses adhérents
la possibilité de bénéficier de la diminution de cotisations** que peut permettre une
bonne gestion, dans le système du Dr. CHAUVEAU la cotisation est invariablement
fixée à 10 % du salaire réel, mais elle peut être répartie d'une façon variable.

A ce propos, rien ne précise dans le projet de loi les conditions dans lesquelles
se fera la ventilation de cette cotisation.

Dans les commentaires, le Dr. CHAUVEAU lui-même indique, qu'exception faite de l'assurance-vieillesse, le mode de ventilation n'est prévu nulle part, et qu'il s'agit bien là d'une disposition systématique qui doit précisément donner la souplesse nécessaire à la réussite de la réforme.

Nous ne savons pas par qui les cotisations seront perçues, comment celles-ci seront ventilées, ni enfin comment se fera la répartition de l'argent entre les différentes caisses.

Alors que dans le régime local, toutes les opérations relatives à l'assurance sont nettement définies et ont été soigneusement codifiées, dans le système du Dr. CHAUVEAU tout est laissé dans l'imprécision.

Un règlement d'administration publique doit ultérieurement régler les conditions d'application de la loi, mais peut-on admettre que cette loi soit précisément muette sur des points aussi importants que les recettes sur lesquelles peuvent compter les organes de l'Assurance, et laisser tout simplement à l'Administration le soin d'arrêter les mesures essentielles au maintien de l'équilibre financier des différentes caisses.

Au fond, on pourrait résumer le régime proposé de la manière suivante :

Moyennant une cotisation de 10 % sur tous les salaires, la loi garantit à l'assuré un minimum de prestations, mais elle laisse purement et simplement à l'Administration le soin de coordonner les recettes et les dépenses, sans d'ailleurs préciser les règles selon lesquelles cette coordination doit se faire.

On comprend bien que l'Administration tiendra compte, pour faire ce travail, des résultats constatés dans les différentes caisses, mais n'eut-il pas été préférable et plus sûr de laisser à chaque organe de l'Assurance la responsabilité d'établir son propre budget et de l'équilibrer autant que possible ?

Nous attendons peu d'effet des observations platoniques que l'Administration pourra être appelée à faire aux caisses mal gérées ou insuffisamment contrôlées, et nous restons convaincus que la responsabilité financière comporte en soi la meilleure des sanctions.

L'organisation de l'assurance n'est simple qu'en apparence : lorsqu'on cherche à se rendre compte de ce qu'un tel système peut donner dans la pratique, on est bien obligé d'appréhender des difficultés considérables, peut-être même insurmontables.

Il s'agira d'assurer le fonctionnement concomitant de rouages très nombreux et très dispersés, qui devront cependant rester continuellement en liaison les uns avec les autres.

On sera conduit fatalement à une paperasserie énorme. Pour s'en rendre compte, il suffit d'évoquer les écritures et correspondances qu'entraînera le départ d'un assuré hors des limites d'un département, et ceci se produira tous les jours.

2° L'Assurance unique entraîne une réalisation difficile de l'Assurance-Maladie

A cet égard, le système alsacien et lorrain prévoyant des caisses de maladie spécialisées, de faible rayon d'action, et s'appuyant sur la solidarité d'intérêts qui existe entre assurés d'une même usine ou d'un même arrondissement, est infiniment préférable.

Dans le système prévu, le contrôle sera très difficile. Le Dr. CHAUVEAU s'en est d'ailleurs bien rendu compte puisque, pour éviter des abus, il ne prévoit le droit à l'allocation de maladie qu'à partir du 6me jour et une participation directe des assurés aux frais médicaux et pharmaceutiques.

N'eut-il pas été mieux de choisir un système doté de moyens de contrôle plus efficaces, permettant de secourir gratuitement les assurés dès le 2e et 3e jour, ainsi que cela se pratique en Alsace et en Lorraine ?

Il est essentiel d'intéresser les assurés à une bonne gestion de la caisse en laissant à cette dernière son entière responsabilité, la possibilité de disposer de la totalité de ses fonds et, le cas échéant, de réduire ses cotisations. Contrairement à ce que dit le Dr. CHAUVEAU (page 45 du rapport supplémentaire), les excédents d'actif des caisses de maladie sont souvent le fait d'une bonne gestion.

Quant à la compensation absolue qui sert de base à la théorie de l'assurance unique, elle est sans grand intérêt pratique et difficilement défendable. On ne voit pas bien en effet, à priori, comment elle peut jouer entre des risques qui sont au fond très variés.

Comment admettre, par exemple, que, si la couverture financière de l'assurance-maladie se révèle insuffisante, on puisse précisément trouver les ressources nécessaires par un prélèvement sur les portions de cotisations prévues pour les autres assurances, par exemple sur l'invalidité ?

La Commission des Finances a bien vu le danger, puisqu'elle a tenu à écarter avant tout le risque d'une augmentation éventuelle des charges de l'Etat et n'a donné son accord qu'à la condition que tout déficit financier serait compensé par le relèvement des seules cotisations. Aurait-elle pris semblable précaution si elle avait été convaincue du parfait équilibre financier du système ?

On objectera que cette compensation des risques se fait non seulement par le moyen d'une ventilation variable de la cotisation, mais encore par le jeu même de l'assurance, qui groupe dans la caisse départementale les bons et les mauvais risques.

Mais on ne peut pas admettre que les caisses départementales seront toutes comparables entre elles. Il n'est pas exact de dire avec le Dr. CHAUVEAU que chaque caisse départementale est supposée être l'image de ce qui se passe partout.

La caisse de FOIX ne sera certainement pas comparable à celle de LILLE ni à celle de BORDEAUX.

Le système alsacien et lorrain, où la compensation maladie se fait soit par arrondissement (caisses locales), soit par usine, n'est pas plus injuste que celui du Dr. CHAUVEAU. Il offre, par contre, bien d'autres avantages (solidarité des assurés facilitant un contrôle efficace, économie de gestion, etc.....), en regard desquels l'inconvénient de la non-compensation des risques est bien mince.

Pourquoi n'avoir pas voulu s'y maintenir en prenant en considération les résultats d'une méthode dont la pratique a démontré le succès ?

En résumé, nous ne pensons pas que le principe de la compensation des risques, si chatoyant au premier examen, mérite d'être retenu, surtout en ce qui concerne la maladie.

Pratiquement irréalisable pour cette dernière assurance, **dont le bon fonctionnement ne peut résulter que de l'application d'un contrôle rigoureux**, il conduit à l'assurance unique, c'est-à-dire à un système d'apparence très simple, mais mal défini et d'une telle complexité de mécanisme qu'il sera pratiquement irréalisable.

Pour les assurances invalidité-vieillesse, au contraire, cette compensation des risques paraît moins chimérique. Il s'agit de risques moins fréquents, beaucoup mieux connus, et exigeant une intervention moins immédiate ; on pourrait concevoir dès lors des caisses régionales à rayon d'action plus vaste, où la compensation entre risques de même nature se ferait automatiquement par le jeu de la loi des grands nombres.

A notre avis, la solution du problème des assurances sociales consisterait en un système comportant la séparation complète de l'assurance-maladie de l'assurance invalidité-vieillesse et prévoyant notamment

l'assurance-maladie autonome au lieu du travail,

l'assurance-invalidité-vieillesse par région ou même pour la France entière.

3° La participation directe des assurés aux frais médicaux et pharmaceutiques

conduira à une complication énorme et à des discussions sans fin.

Comment cette disposition sera-t-elle mise en pratique ? Selon toute probabilité l'assuré refusera de payer lui-même, et la caisse devra faire l'avance des fonds. Son travail n'en sera pas simplifié. De plus, l'expérience a montré chez nous que la récupération des sommes ainsi avancées est impossible.

Il s'agit donc bien là d'une mesure sans effet, destinée à tomber en désuétude.

4⁰ Le Projet de Loi ne prévoit pas de liaison entre l'Assurance-Maladie et l'Assurance-Accidents

Or, cette liaison est un des avantages les plus précieux du système alsacien et lorrain où, grâce au régime des Corporations et des Caisses de Maladie, les accidentés sont secourus sans délai, et les litiges sont résolus sans difficultés par une procédure d'arbitrage, à laquelle prennent part les représentants des assurés et les représentants des employeurs.

Il y a un gros intérêt à établir une juridiction commune pour les accidents et pour les assurances sociales. Chez nous, cela existe, donc il ne faudrait pas toucher à ce principe du régime local. Dans les autres départements, il faudrait, pour atteindre ce but, ou bien établir des Corporations comme en Alsace et en Lorraine et démolir la loi de 1898 sur les accidents, **ce qui serait désirable**, — mais soulèverait l'opposition de graves intérêts particuliers — ou bien placer les assurances sociales sous l'autorité des Tribunaux Civils, ce qui serait désastreux.

Nous ne nous arrêterons pas à l'**ASSURANCE-CHÔMAGE**, puisque la Commission des Finances du Sénat l'a disjointe du projet. Mais nous n'étonnerons personne en disant qu'elle soulève ici de très nombreuses et de très importantes objections.

Tout ce que nous venons de dire résume à peu près les critiques fondamentales, que le projet du Dr. CHAUVEAU a suggérées. On pourrait y ajouter celles qui concernent l'organisation des caisses syndicales ouvrières, l'insuffisance de la représentation patronale dans les différents organes d'assurances sociales, le libre choix du médecin etc. etc.....

Toutes ces critiques ont été concrétisées dans les considérants des vœux pris par les Chambres de Commerce et les principales organisations intéressées. On relève parmi ces considérants les plus typiques :

a) le désir de voir instituer pour la France entière un régime uniforme d'assurances sociales obligatoires tendant à faire disparaître la dualité de législation existant encore entre l'Alsace et la Lorraine, d'une part, et les autres départements français, d'autre part,

b) la constatation que le dernier projet, actuellement en instance devant le Sénat,

1⁰ ne tient pas compte des résultats de l'expérience acquise en Alsace et en Lorraine,

2⁰ prévoit la couverture de risques divers essentiellement variés par une assurance unique suivant un mécanisme au fonctionnement coûteux et d'une complexité inouïe, conduisant par conséquent à des difficultés de réalisation pratiquement insurmontables,

3⁰ ne pourrait être substitué à la législation locale actuelle qu'au prix d'un bouleversement complet et fondamental des institutions alsaciennes et lorraines existantes, quoique celles-ci présentent l'avantage d'avoir résisté victorieusement aux épreuves du temps et de la pratique, et que leurs bienfaits aient été publiquement reconnus et hautement appréciés à maintes reprises par les autorités les plus compétentes,

4° ne respecte pas le principe de la gestion des organes d'assurances par les seuls cotisants qui devraient être représentés dans les différents comités et conseils d'administration proportionnellement aux charges qu'ils supportent,

5° ne prévoit pas de juridiction spéciale en matière d'assurances sociales, qui ressortiront dès lors des tribunaux ordinaires, et reprend à cet égard les erreurs de la loi de 1898 sur les accidents du travail, dont on connaît les inconvénients par l'abus qu'en font couramment, au détriment des assurés eux-mêmes, certains professionnels peu scrupuleux,

6° ne respecte pas l'autonomie et les prérogatives actuelles des caisses de maladie d'entreprises qui rendent les plus grands services et permettent de réaliser l'assurance-maladie dans les meilleures conditions possibles, tant en ce qui concerne les prestations qu'en ce qui concerne l'économie de la gestion,

7° institue la liberté d'affiliation de l'assuré à la caisse de son choix et prévoit la possibilité de créer des caisses trop nombreuses, d'où dispersion des efforts, confusion dans l'organisation, et mauvais rendement,

8° laisse à un règlement d'administration publique le soin de trancher des questions essentielles, notamment celle de l'application du nouveau régime d'assurances sociales à nos 3 départements,

c) qu'un système d'assurances sociales obligatoires ne peut être pratiquement réalisable qu'à la condition de prévoir la séparation de l'assurance-maladie des assurances-invalidité et vieillesse,

d) que le moyen de réaliser l'assurance-maladie dans de bonnes conditions consiste à s'appuyer sur les caisses de maladie d'entreprises, maintenues dans toutes leurs prérogatives et à suivre la voie déjà tracée en France par la loi de 1898 sur les caisses de secours des mineurs,

e) que cette manière de faire répondrait d'ailleurs aux vœux des assurés alsaciens et lorrains eux-mêmes, qui ont clairement manifesté leur volonté à cet égard.

Enfin, on y voit la crainte :

Que le projet actuel, s'il était voté tel que, ne suive le sort de la loi de 1910 sur les retraites ouvrières et paysannes et n'aboutisse à un échec complet,

Qu'en conséquence, son application prématurée à l'Alsace et à la Lorraine n'entraîne une désorganisation complète des assurances sociales dans nos régions et ne ruine définitivement l'œuvre péniblement édifiée au prix de longs et patients efforts.

En fait, et au risque de nous répéter nous insistons sur ce point : malgré tous nos efforts pour obtenir la prise en considération de quelques directives qu'une expérience de longues années pouvait nous autoriser à présenter, le Sénat va se trouver devant un projet de loi d'assurances sociales, dont il est impossible d'envisager l'application à nos 3 départements sans qu'il en résulte un bouleversement complet des institutions locales. Celles-ci, certes, ne sont pas parfaites, mais elles présentent sur celles que préconise le Dr. CHAUVEAU de gros avantages et entre autres celui d'avoir reçu la sanction de l'expérience.

Nous estimons irréalisable l'application du système proposé et nous craignons, à juste titre, un échec retentissant.

Or, nous ne voudrions pas perdre, par le jeu d'une expérience que nous croyons chimérique, le bénéfice d'institutions dont la création a soulevé, d'ailleurs, à l'époque des résistances sérieuses, mais qui sont aujourd'hui stabilisées et fonctionnent d'une façon satisfaisante.

Nous avons traversé en matière d'assurances-sociales en Alsace et en Lorraine une période difficile d'adaptation et de tâtonnements. Nous voudrions que le législateur nous évite de recommencer.

C'est pourquoi nous demandons que le nouveau régime ne soit applicable chez nous que lorsqu'il aura été consacré dans les autres départements par l'épreuve du temps.

Tel est le sens qu'il faut donner au vœu unanime de tous les groupements ici représentés et qui s'énonce ainsi qu'il suit :

D.

VŒU COLLECTIF

Que le Parlement tienne compte des objections présentées par les Groupements des départements recouvrés et que, en tout état de cause, pour ne pas compromettre le bon fonctionnement des Assurances Sociales locales pendant la période d'organisation et de réalisation du futur régime général, l'application de celui-ci à l'Alsace et à la Lorraine soit ajournée pendant **au moins dix ans**, et qu'il ne soit introduit ensuite dans les départements recouvrés que par une **loi spéciale** prévoyant une période de transition de **cinq ans**.

E.

Projet d'amendement à l'article 52 du Projet de Loi

Pour répondre à ce voeu et en conclusion de l'exposé qui précède, MM. les Sénateurs des départements recouvrés présents à la séance se sont déclarés disposés à défendre au Sénat le projet d'amendement qui suit :

PROJET d'AMENDEMENT

La rédaction actuelle de l'article 52 est remplacée par le texte suivant :

La présente loi n'est pas immédiatement applicable aux départements du Haut-Rhin, du Bas-Rhin et de la Moselle. — Après un délai minimum de 10 ans à partir de sa mise en vigueur, une loi spéciale déterminera les mesures de coordination propres à substituer dans un délai de 5 ans au régime des assurances sociales actuellement en vigueur les dispositions du présent texte et toutes autres mesures transitoires.

III

VŒUX PRIMITIFS EMIS PAR LES GROUPEMENTS REPRÉSENTÉS A LA RÉUNION DU 23 AVRIL

1. Chambres de Commerce

a) METZ   (séance du 2 avril 1927)
b) STRASBOURG   (séance du 24 mars 1927)
c) COLMAR   (séance du 12 avril 1927)
d) MULHOUSE   (séance du 8 mars 1927)

2. Corporations d'Assurances contre les Accidents d'Alsace et de Lorraine

a) Corporation des Mines et Usines Métallurgiques, Corporation Textile, Corporation des Industries Alimentaires, Corporation du Bâtiment, les 3 Corporations Agricoles Départementales,

b) Corporation des Métaux et Transports d'Alsace et de Lorraine.

3. Syndicats de Caisses d'Entreprises

Voeu unique émis par

l'Association Lorraine des Caisses de Maladies des Entreprises Minières et Industrielles,

le Syndicat des Caisses de Maladie d'Entreprises et de Corporations du Bas- et du Haut-Rhin et des régions limitrophes,

le Syndicat des Caisses de Malades d'Entreprises et de Corporations de Mulhouse et environs,

et adressé le 14 avril 1927 à M. le Ministre du Travail.

4. Groupements Industriels

Vœu remis le 16 décembre 1926 à M. le Ministre du Travail par l'entremise de M. VALADIER, Directeur des Assurances Sociales au Ministère du Travail.

———

1.

Chambres de Commerce

VŒU DE LA CHAMBRE DE COMMERCE DE METZ

La Chambre de Commerce de METZ :

Après avoir pris connaissance des divers projets de loi d'Assurances Sociales obligatoires successivement élaborés par le gouvernement et les commissions parlementaires,

Désireuse de voir instituer pour la France entière un régime uniforme d'Assurances Sociales obligatoires tendant à faire disparaître la dualité de législation existant encore entre l'Alsace et la Lorraine d'une part, et les autres départements français d'autre part,

Mais considérant

a) que le dernier projet (dit projet du Docteur CHAUVEAU) actuellement en instance devant le Sénat,

1° ne tient pas compte des résultats de l'expérience acquise en Alsace et en Lorraine,

2° prévoit la couverture de risques divers essentiellement variés par une assurance unique suivant un mécanisme au fonctionnement coûteux et d'une complexité inouïe, conduisant par conséquent à des difficultés de réalisation pratiquement insurmontables,

3° ne pourrait être substitué à la législation locale actuelle qu'au prix d'un bouleversement complet et fondamental des institutions alsaciennes et lorraines existantes, quoique celles-ci présentent l'avantage d'avoir résisté victorieusement aux épreuves du temps et de la pratique et que leurs bienfaits aient été publiquement reconnus et hautement appréciés à maintes reprises par les autorités les plus compétentes,

4° comporte, aussi bien pour l'Etat que pour le commerce et l'industrie une aggravation importante des charges sociales dont le public devra indirectement faire les frais, sans aucun espoir d'une compensation suffisante, précisément au moment où une politique de rigoureuse économie est indispensable au salut du pays,

5° ne respecte pas le principe de la gestion des organes d'assurances par les seuls cotisants qui devraient être représentés dans les différents Comités et Conseils d'Administration proportionnellement aux charges qu'ils supportent,

6° ne prévoit pas de juridiction spéciale en matière d'assurances sociales, qui ressortiront dès lors des tribunaux ordinaires, et reprend à cet égard les erreurs de la loi de 1898 sur les accidents du travail, dont on connaît les inconvénients par l'abus qu'en font couramment, au détriment des assurés eux-mêmes, certains professionnels peu scrupuleux,

7° institue le libre choix du médecin sans aucune réserve, oblige les caisses d'assurances à traiter avec les syndicats médicaux, et réserve aux médecins une représentation avec voix délibérative au sein des Conseils d'Administration où ils seront dès lors juges et parties.

Autant d'erreurs qui donneront lieu à des abus considérables, compromettront le bon fonctionnement de l'assurance-maladie et le rendront très coûteux en enlevant aux caisses l'efficacité de leurs moyens d'action et de contrôle.

8° ne respecte pas l'autonomie et les prérogatives actuelles des caisses de maladie d'entreprises qui rendent les plus grands services et permettent de réaliser l'assurance-maladie dans les meilleures conditions possibles, tant en ce qui concerne les prestations qu'en ce qui concerne l'économie de la gestion,

9° institue la liberté d'affiliation de l'assuré à la caisse de son choix et prévoit la possibilité de créer des caisses trop nombreuses, d'où dispersion des efforts, confusion dans l'organisation, et mauvais rendement,

10° institue une assurance-chômage dont le principe est dangereux pour l'économie nationale et qui va à l'encontre même de la technique des assurances par l'impossibilité de prévoir la fréquence et la gravité du risque. En fait, cette assurance-chômage n'apporterait aux travailleurs qu'une satisfaction de forme, puisqu'elle ne consiste qu'en une modalité nouvelle de répartition des fonds de chômage actuels, et qu'elle ne peut pratiquement pas s'appliquer en cas de chômage partiel,

11° laisse à un règlement d'administration publique le soin de trancher des questions essentielles, notamment celle de l'application du nouveau régime d'assurances sociales à nos trois départements,

etc...... etc......

Considérant

b) qu'un système d'assurances sociales obligatoires ne peut être pratiquement réalisable qu'à la condition de prévoir la séparation de l'assurance-maladie des assurances-invalidité et vieillesse,

c) que le meilleur moyen de réaliser l'assurance-maladie dans de bonnes conditions consiste à s'appuyer sur les caisses de maladie d'entreprises, maintenues dans toutes leurs prérogatives, et à suivre la voie déjà tracée en France par la loi de 1898 sur les caisses de secours des mineurs,

d) que cette manière de faire répondrait d'ailleurs aux vœux des assurés eux-mêmes, qui ont clairement manifesté leur volonté à cet égard,

Regrettant

Que la Commission de Prévoyance Sociale du Sénat n'ait pas cru devoir prendre en considération les suggestions qu'elle avait eu l'honneur de lui présenter au cours de l'audience du 18 mars 1925,

Redoutant

Que le projet actuel, s'il était voté tel quel, ne suive le sort de la loi de 1910 sur les retraites ouvrières et paysannes et n'aboutisse en France à un échec complet,

Qu'en conséquence, son application prématurée à l'Alsace et à la Lorraine n'entraîne une désorganisation complète des assurances sociales dans nos régions et ne ruine définitivement l'œuvre péniblement édifiée au prix de longs et patients efforts,

Emet le vœu :

Que le nouveau régime des assurances sociales ne soit applicable à l'Alsace et à la Lorraine que par une mesure législative spéciale et après un délai minimum de dix ans à partir de sa mise en vigueur dans les autres départements, étant entendu qu'à l'expiration de ce délai on prévoirait une période transitoire de 5 ans permettant de réaliser la transformation progressive des institutions existantes.

VŒU DE LA CHAMBRE DE COMMERCE DE STRASBOURG

La Chambre de Commerce de Strasbourg,

après avoir pris connaissance d'un vœu émanant de la Confédération Patronale d'Alsace et de Lorraine ainsi que d'une requête présentée à M. le Ministre du Travail par la Délégation Intersyndicale des industriels d'Alsace et de Lorraine au sujet de l'application dans les trois départements recouvrés du futur régime national des assurances sociales,

considérant que le projet de loi sur les assurances sociales, dans la forme où il a été arrêté par la Commission d'Hygiène, de l'Assistance, de l'Assurance et de la Prévoyance Sociales du Sénat, ne tient pas compte des vœux qu'elle avait précédemment exprimés, notamment dans ses délibérations des 2 mars 1922 et 4 mai 1925, délibérations dans lesquelles elle demande :

1° la réalisation du régime des assurances sociales en France par étapes successives, la première étape comportant les dispositions législatives organisant l'assurance-maladie, et éventuellement l'assurance-maternité et décès,

2° le maintien des caisses d'entreprises auxquelles sont obligatoirement affiliés les ouvriers et employés d'un même établissement industriel et qui permettent de réaliser l'assurance-maladie dans les meilleures conditions possibles,

3° l'institution d'une juridiction spéciale distincte des tribunaux ordinaires et qui seule permettrait de régler rapidement et économiquement les contestations que peut faire naître le fonctionnement des assurances sociales, rappelle ses délibérations antérieures et

émet le vœu

que le système local des assurances sociales, y compris la réglementation relative aux accidents du travail, soit maintenu en vigueur dans les trois départements recouvrés pendant une période d'au moins dix ans à partir de la mise en vigueur du régime national, et cela afin de permettre à ce dernier de faire ses preuves,

que l'introduction du régime national dans les trois départements recouvrés ne puisse se faire que par une loi, prévoyant une période transitoire d'adaptation d'une durée minima de cinq années.

VŒU DE LA CHAMBRE DE COMMERCE DE COLMAR

La Chambre de Commerce se rapportant aux vœux qu'elle a exprimés antérieurement et se référant à ceux formulés par les Chambres de Commerce de Strasbourg et de Mulhouse au sujet de l'application dans les trois départements recouvrés du futur régime national des assurances sociales,

considérant l'excellent fonctionnement et les très bons résultats obtenus depuis plus de 40 ans dans nos régions par le système d'assurances sociales qui y est en vigueur,

considérant la période de tâtonnements qui accompagne inévitablement l'introduction d'un nouveau régime qui n'a pas encore fait ses preuves,

considérant qu'un présent sûr ne doit pas être remplacé par un avenir dont il est difficile de prédire le rendement,

émet le vœu

que le système local des assurances sociales soit maintenu en vigueur dans les trois départements recouvrés pendant une période d'au moins dix ans à partir de la mise en vigueur du régime national, et cela afin de permettre à ce dernier de faire ses preuves,

que l'introduction du régime national dans nos trois départements ne puisse se faire que par une loi prévoyant une période transitoire d'adaptation d'une durée minima de cinq années.

VŒU DE LA CHAMBRE DE COMMERCE DE MULHOUSE

La Chambre de Commerce de Mulhouse,

reconnaissant les bienfaits du régime d'assurances sociales obligatoire existant dans les départements du Bas-Rhin, du Haut-Rhin et de la Moselle depuis plus de 40 ans et désireuse de voir étendu aux autres départements de la France un tel régime, mais considérant que le système tel qu'il est prévu dans le projet de loi en discussion au Sénat, ne tenant pas compte de l'expérience acquise en Alsace et en Lorraine, risque de compromettre le fonctionnement d'un tel régime, qui a fait ses preuves, en en créant un autre d'une réalisation difficile et problématique,

— sans vouloir entrer dans les détails du projet et se ralliant à l'opinion exprimée tant par les divers organes d'assurances existant en Alsace à majorité ouvrière que par les Syndicats patronaux,

émet le vœu

que la loi nouvelle ne soit applicable en Alsace et en Lorraine qu'en vertu d'une loi spéciale après un délai minimum de 10 ans à partir de sa mise en vigueur dans le reste du pays et que cette loi spéciale prévoie une période transitoire de cinq ans pour permettre la transformation progressive des institutions existantes,

émet de plus le vœu

qu'en tout état de cause le régime d'assurance contre les accidents soit maintenu sans changements tel qu'il existe dans nos trois départements.

2.

Corporations d'Assurances contre les Accidents d'Alsace et de Lorraine

a.

VŒU

émis par la Corporation des Mines et Usines Métallurgiques, la
Corporation Textile, la Corporation des Industries Alimentaires,
la Corporation du Bâtiment, les trois Corporations Agricoles
Départementales.

Les présidents des Corporations industrielles et agricoles d'Alsace et de Lorraine, institutions d'assurance sociale obligatoire contre les accidents du travail,

Considérant que l'existence en Alsace et en Lorraine, depuis plus de 40 ans,
d'un régime d'assurance sociale englobant l'assurance-maladie, l'assurance-accident et l'assurance-invalidité et vieillesse autorise les représentants des Corporations industrielles et agricoles d'Alsace et de Lorraine à émettre un avis compé-
tent sur le projet de loi sur les assurances sociales, actuellement soumis au Sénat,

Considérant que d'après les expériences faites dans les départements recouvrés, l'opportunité de l'introduction des assurances sociales en France ne
saurait être contestée,

Considérant cependant qu'un système tel qu'il est prévu dans le projet présenté
au Sénat ne paraît que difficilement réalisable,

Considérant en particulier que le principe de l'assurance unique entraîne une
organisation excessivement compliquée et coûteuse, nécessitant une armée de
fonctionnaires et des charges démesurément lourdes, tant pour l'Etat que pour les
employeurs et les salariés, et qui placeraient l'industrie et l'agriculture françaises
en état d'infériorité sur les marchés étrangers,

Considérant ensuite que le système préconisé de capitalisation risque de
distraire de l'économie nationale des sommes importantes pour les immobiliser
dans des placements à revenu limité et susceptibles d'être considérablement influencés par la variation des changes,

Que même en temps d'instabilité monétaire, l'industrie nationale pourra
toujours de sa seule force garantir le fonctionnement des assurances sociales,
alors que les capitaux accumulés à grands efforts risquent de s'évanouir sans
avoir été de la moindre utilité,

Que même en période de prospérité économique et de stabilité monétaire, le système de capitalisation n'a pas été adopté par les pays qui nous ont devancés dans la voie des assurances sociales, et que dans notre situation actuelle il convient, par conséquent, de l'écarter résolument,

Considérant qu'il importe avant tout de maintenir l'autonomie des organes d'assurances existantes tels que ceux de la mutualité et des caisses d'entreprises et corporatives, organes qui ont rendu les plus grands services et dont le fonctionnement rationnel et simple devrait servir d'exemple, que de plus devrait être maintenu le monopole consenti aux dites caisses de nos trois départements et suivant lequel tout salarié assujetti à l'assurance et occupé dans une usine fait de plein droit partie de la caisse d'entreprise,

Considérant que l'une des premières conditions d'un fonctionnement rationnel des assurances sociales est la souplesse de la gestion assurée par une représentation suffisante des intéressés dans les organes directeurs,

Considérant que la juridiction en matière d'assurance sociale doit être confiée à des tribunaux spéciaux paritaires composés d'employeurs et de salariés et qu'elle ne gagnerait nullement à être déférée aux tribunaux ordinaires,

Considérant que l'assurance-chômage va à l'encontre de la technique même de l'assurance par l'impossibilité de prévoir la fréquence et l'importance du risque et de faire jouer, en cette matière, la loi des grands nombres,

Qu'en conséquence elle doit être éliminée d'emblée du projet,

Considérant que dans une matière aussi compliquée que celle des assurances sociales, il ne semble pas admissible d'abandonner à un règlement d'administration publique le soin de trancher les questions les plus essentielles, notamment celle de l'application du projet de loi à nos trois départements,

Considérant que le projet de loi ne prévoit pas l'assurance contre les accidents, alors que dans nos trois départements cette branche fait partie de la loi sur les assurances sociales et est intimement liée aux autres branches,

Considérant que cette liaison assure la promptitude des secours en cas d'accident, en confiant à la Caisse de Maladie, locale ou d'entreprise, le soin d'indemniser les accidentés jusqu'à la 13e semaine,

Qu'elle leur assure aussi la continuité sans cumul ni double emploi, quelle que soit la raison de l'incapacité de travail partielle ou complète, temporaire ou permanente,

émettent le vœu :

1° que le projet de loi s'inspire le plus possible du régime d'Alsace et de Lorraine, qui y est introduit depuis plus de 40 ans et s'est révélé en général pratique et susceptible de remplir son but moyennant des charges supportables, malgré quelques imperfections,

2° que les assurances sociales soient **introduites par étapes**, en commençant par l'assurance-maladie, qui présente le risque le plus fréquent,

3° que la loi prévoie un **taux de cotisation modéré**,

4° que notamment soit maintenu, en faveur des **Caisses d'entreprises et de Corporations** de nos trois départements (dont le nombre d'assurés atteint, à peu de chose près, celui des affiliés aux Caisses locales), **le monopole leur assurant l'affiliation de tous les travailleurs** occupés dans une même entreprise,

5° que soit maintenu le principe d'une **représentation exclusive des intéressés** dans les organes d'assurances sociales, proportionnellement aux cotisations,

6° que l'**assurance-chômage soit éliminée** d'emblée du projet de loi,

7° **qu'aucune modification ne puisse être apportée à notre régime actuel avant que le régime de la nouvelle loi n'ait fait ses preuves dans les autres départements et que son application à nos trois départements ne puisse se faire que par une mesure législative** prévoyant les **dispositions transitoires nécessaires**,

8° **Que notamment le régime d'assurance sociale contre les accidents du travail soit intégralement maintenu** dans nos trois départements, jusqu'à ce qu'à l'intérieur le régime d'assurance-accident ait été **adapté aux autres branches d'assurance sociale** et ait **adopté les forme et caractère qui font la force et la valeur d'une assurance sociale.**

b.

VŒU

de la Corporation des Métaux et Transports d'Alsace et de Lorraine

La Corporation des Métaux et Transports d'Alsace et de Lorraine, reconnaissant les bienfaits du régime d'assurances sociales obligatoire existant dans les départements du Bas-Rhin, du Haut-Rhin et de la Moselle depuis plus de 40 ans et désireuse de voir étendu aux autres départements de la France un tel régime, mais considérant que le système tel qu'il est prévu dans le projet de loi en discussion au Sénat, ne tenant pas compte de l'expérience acquise en Alsace et en Lorraine, risque de compromettre le fonctionnement d'un tel régime, qui a fait ses preuves, en en créant un autre d'une réalisation difficile et problématique, sans vouloir entrer dans les détails du projet et se ralliant à l'opinion exprimée tant par les divers organes d'assurances existant en Alsace à majorité ouvrière que par les Syndicats patronaux;

émet le vœu

que la loi nouvelle ne soit applicable en Alsace et en Lorraine qu'en vertu d'une loi spéciale après un délai minimum de dix ans à partir de sa mise en vigueur dans le reste du pays et que cette loi spéciale prévoie une période transitoire de cinq ans pour permettre la transformation progressive des institutions existantes,

émet de plus le vœu

qu'en tout état de cause le régime d'assurance contre les accidents soit maintenu sans changements tel qu'il existe dans nos trois départements.

3.

Vœu unique
émis par les trois Syndicats de Caisses d'Entreprises

L'ASSOCIATION LORRAINE des CAISSES de MALADIE des ENTREPRISES MINIERES et INDUSTRIELLES à METZ,

le SYNDICAT des CAISSES de MALADES d'ENTREPRISES et de CORPORATIONS de MULHOUSE et ENVIRONS à MULHOUSE,

le SYNDICAT des CAISSES de MALADIE d'ENTREPRISES et de CORPORATIONS du BAS- et du HAUT-RHIN et des REGIONS LIMITROPHES à STRASBOURG,

groupant ensemble environ 190 Caisses d'assurance contre la maladie avec près de 200 000 assurés,

ayant suivi avec beaucoup d'attention et d'intérêt les travaux préparatoires relatifs au projet de loi des assurances sociales actuellement en instance devant le Sénat, parce que désireux de voir étendre à toute la France l'application d'un régime d'assurances sociales obligatoires, dont ils ont été à même d'apprécier les bienfaits,

mais regrettant de devoir constater que le projet actuel, loin de se rapprocher du régime existant dans les trois départements du Bas-Rhin, du Haut-Rhin et de la Moselle, régime dont l'origine remonte à 1830 et qui donne actuellement des résultats certains et satisfaisants, s'en écarte encore plus que les projets précédents,

qu'en particulier, sous prétexte de respecter la liberté individuelle et sans tenir compte des vœux fortement motivés émis en 1921 par les Caisses d'Entreprises et de Corporations pour qu'on leur réserve dans la future loi la place qu'elles occupent dans la législation actuelle, le projet laisse ces Caisses d'assurances contre la maladie dans une indécision complète,

constatant que les Caisses d'Entreprises et de Corporations sont un organe essentiel du système d'assurances alsacien et lorrain, qu'elles groupent à elles seules plus de 43% des assurés contre la maladie de notre région, qu'elles ont l'avantage d'être économiques, de fonctionner à la satisfaction des ouvriers et des patrons et d'être, en outre, la seule institution d'assurances sociales commune à l'ancienne France et à nos trois départements, puisqu'elles fonctionnent dans les mêmes conditions que les Caisses de Secours des Mineurs, créées par la loi de 1898,

persuadés que la conception d'une loi d'assurances sociales englobant à la fois tous les risques entraîne une telle complication de fonctionnement et une telle confusion, que son application à l'Alsace et à la Lorraine ne pourra se faire qu'avec un bouleversement complet des institutions existantes qui, après une période de tâtonnement qu'elles ont heureusement traversée, se trouvent actuellement en état de parfaite stabilité, regrettant qu'il n'ait pas été tenu compte des vœux émis en 1921 par les membres patronaux et ouvriers des Comités des différentes Caisses, tendant à l'application à l'ensemble de la France d'un régime d'assurances sociales uniforme respectant l'autonomie et les prérogatives des Caisses d'entreprises,

émettent le vœu :

que le nouveau régime des assurances sociales ne soit applicable à l'Alsace et à la Lorraine que par une mesure législative spéciale et après un délai minimum de **dix ans,** à partir de sa mise en vigueur dans les autres départements, étant entendu qu'à l'expiration de ce délai on prévoirait une période transitoire de **cinq ans,** permettant de réaliser la transformation progressive des institutions existantes.

le 14 avril 1927.

4.

Groupements Industriels

Vœu remis le 16 décembre 1926 à M. le Ministre du Travail par l'entremise de M. VALADIER, Directeur des Assurances Sociales au Ministère du Travail

Considérant que d'après les expériences faites depuis près de 40 ans dans les 3 départements recouvrés, l'opportunité de l'institution d'assurances sociales ne saurait être contestée,

Considérant cependant qu'un système tel qu'il est prévu dans le projet présenté au Sénat, ne paraît pas recommandable ni même exécutable,

Considérant en particulier que le principe de l'assurance unique entraîne une organisation excessivement compliquée et coûteuse, nécessitant une armée de fonctionnaires et des charges démesurément lourdes, tant pour l'Etat que pour les employeurs et les salariés, et qui placeraient l'industrie française en état d'infériorité sur les marchés étrangers,

Considérant que d'après les dernières statistiques fournies notamment pour le Haut-Rhin, les cotisations n'y ont atteint en 1925 pour l'assurance-maladie-invalidité-vieillesse en tout que 6 à 7% des salaires,

que cela suffit à démontrer les graves inconvénients du projet en ce qui concerne le côté financier, sans que celui-ci offre une compensation suffisante au point de vue pratique,

Considérant en outre que le système préconisé de capitalisation risque de distraire de l'économie nationale des sommes importantes pour les immobiliser dans des placements à revenu limité et susceptibles d'être considérablement influencés par la variation des changes,

que même en période de prospérité économique et de stabilité monétaire, ce système n'a pas été adopté par les pays qui ont précédé la France dans la voie des assurances sociales et que, dans notre situation actuelle, il convient par conséquent de l'écarter résolument,

Considérant qu'il importe avant tout de maintenir l'autonomie des organes d'assurances existants tels que ceux de la mutualité et les caisses d'entreprises, organes qui ont rendu les plus grands services et dont le fonctionnement rationnel et simple devrait servir d'exemple, que de plus devrait être maintenu la disposition consentie aux Caisses d'Entreprises de nos trois départements et suivant laquelle tout salarié assujetti à l'assurance et occupé dans une usine avec Caisse d'Entreprise fait partie de celle-ci,

Considérant que l'une des premières conditions d'un fonctionnement rationnel des assurances sociales est la gestion par les intéressés et une représentation suffisante de ceux-ci dans les organes directeurs,

Considérant que la juridiction en matière d'assurances sociales doit être confiée à des tribunaux composés de préférence d'employeurs et de salariés et qu'elle ne gagnerait nullement à être déférée aux tribunaux ordinaires,

Considérant que l'assurance-chômage va à l'encontre de la technique même de l'assurance par l'impossibilité de prévoir la fréquence du risque et de faire jouer, en cette matière, la loi des grands nombres,

qu'en conséquence elle doit être éliminée d'emblée du projet,

Considérant que dans une matière aussi compliquée que celle des assurances sociales, il ne semble pas admissible d'abandonner à un règlement d'administration publique le soin de trancher les questions les plus essentielles, notamment celle de l'application du projet de loi à nos trois départements et de la réciprocité à établir avec les départements de l'intérieur d'une part, la Sarre d'autre part, lès Associations patronales d'Alsace et de Lorraine, dont les noms suivent, émettent le vœu :

que le nouveau régime des assurances sociales ne soit applicable à l'Alsace et à la Lorraine que par une mesure législative spéciale et après un délai minimum de dix ans à partir de sa mise en vigueur dans les autres départements, étant entendu qu'à l'expiration de ce délai on prévoirait une période transitoire de 5 ans permettant de réaliser la transformation progressive des institutions existantes.

le 16 décembre 1926.

Moselle

Association Minière d'Alsace et de Lorraine,

Association des Maîtres de Forges de Lorraine,

Groupement Industriel de l'Est Lorrain.

Haut-Rhin

Association Patronale de l'Industrie Textile du Haut-Rhin,

Syndicat Industriel Alsacien,

Chambre Syndicale de la Mécanique du Haut-Rhin.

Bas-Rhin

Chambre Syndicale de l'Industrie du Bas-Rhin,

Syndicat Patronal des Constructeurs-Mécaniciens du Bas-Rhin,

Union des Industries Textiles du Bas-Rhin,

Syndicat des Tanneurs des Départements du Rhin et de la Moselle,

Union Meunière d'Alsace et de Lorraine,

Syndicat des Brasseurs du Haut- et du Bas-Rhin,

Association des Employeurs de Main-d'Œuvre dans les Ports de Strasbourg,

Fédération des Entrepreneurs du Bâtiment d'Alsace et de Lorraine,

Confédération Patronale d'Alsace et de Lorraine.